CW01084607

Original title:

Schimmernde Dämmerung

Editor: Jessica Elisabeth Luik
Author: Kene Elistrand
ISBN HARDBACK: 978-9916-39-990-3
ISBN PAPERBACK: 978-9916-39-991-0

Sekunden des Scheidens

Die Uhr schlägt in Sekunden,
mit leisem, kaltem Klang,
wir beide still verbunden,
durch Zeit, die dann vertan.

Die Blicke voller Trauer,
die Hände, die sich lösen,
das Ende rückt in Dauer,
das Herz, es fühlt das Böse.

Ein letzter Kuss vielleicht,
ein Flüstern in die Nacht,
bis Schatten sich verstreicht,
unruhige Sternenpracht.

Die Hoffnung still verglimmt,
der Morgen bringt das Licht,
doch Schmerz, der sich bestimmt,
verlässt uns irgendwie nicht.

Malerischer Untergang

Die Sonne sinkt im Westen,
ein Feuernball im Glanz,
als wär's das letzte Festen,
ein flammend schöner Tanz.

Die Farben wild verzweigen,
in Rot und Gold und Blau,
die Wolken sanft sich neigen,
wellen gleich wie auf'nem Tau.

Ein Bild so voller Pracht,
das niemals mehr verblasst,
beschließt den Tag und macht,
das Herz so ruhig und fast.

Und wenn die Dunkelheit,
das Firmament dann malt,
die Sterne weit und breit,
erstrahlen gar gestaltet.

Mit jedem neuen Morgen,
beginnt das Spiel erneut,
und ohne große Sorgen,
wird Untergang getreu.

Wehmut im Farbspiel

Ein Regenbogen schwebt,
nach regennasser Zeit,
die Wehmut, die belebt,
in jedem Farbreigen breit.

Die Tropfen auf den Blättern,
wie Perlen einer Kette,
kein Sturm kann Hoffnung schmettern,
die Sanftheit wird zur Wette.

Ein Farbspiel voller Leben,
doch Wehmut bleibt doch nah,
die Herzen neu bestreben,
und Freude ist doch rar.

Im Dämmerlicht verschwindet,
das Leuchten zart und weich,
der Tag im Hauch verendet,
ein Farbspiel so gleich.

Die Stille, die nun folgt,
bereit für neuen Glanz,
ein Herz, das kaum noch polkt,
wartet auf den nächsten Tanz.

Dunkelheit mit Licht

In der Dunkelheit so tief,
Leuchtet warm ein kleines Licht,
Verspricht Hoffnung, Hoffnung gibt,
Gibt dem Herz ein Zuversicht.

Sterne blinken, weit entfernt,
Nehmen Sorgen nach und nach,
Tränen werden schnell entfernt,
Und das Herz wird wieder wach.

Ein Flackern hier, ein Funkeln dort,
Sanft durchbricht des Nachtes Tor,
Findet karg den dunklen Ort,
Strahlt die Seele sanft empor.

Schattenglanz

Schattenspiele sanft und leise,
Gleiten durch den Mondenschein,
Im Verborgenen, auf weite Reise,
Begleiten uns, mal groß, mal klein.

Licht und Schatten, Tanz der Zeit,
Flirren zwischen Tag und Nacht,
Faszinierend, ungestüm und weit,
Ein Spiel, das stets die Sinne entfacht.

Umhüllt von einem sanften Glanz,
Zeichnen Schatten stiller Hand,
Die Schönheit, die im Dunkeln tanzt,
Und auf geheimen Pfaden fand.

Himmel im Wandel

Himmel über uns verwandelt sich,
Farben tanzen, Tag wird Nacht,
Der Mond erhebt sich feierlich,
Sternenfunkeln, Glanz entfacht.

Wolken formen Bilderträume,
Schweben sanft im Himmelsmeer,
Ihre Schönheit, die wir säume,
Lässt uns staunen, stets und mehr.

Gestirne leuchten, Fernweh ruft,
Geschichten alter Zeit erblühn,
Der Himmel wandelt, stets in Luft,
Die Wunder wahr, für Augen, die sehn.

Augenblick verzaubert

Ein Augenblick, der Herz verzaubert,
Der Atem still, das Herz so weit,
In jedem Hauch, der Liebe glaubert,
Erlebt man Glück ganz unvermeid.

Ein Blick, ein Lächeln, Zauberworte,
Der Augenblick wird dann so groß,
Die Welt beginnt an andern Orte,
Wo Liebe wächst und Sorgen los.

Der Zauber lebt in kleinen Dingen,
Erhellt die Seele, still und sacht,
In jedem Augenblick, dem stillen Klingen,
Wird unser Leben neu entfacht.

Verhüllte Strahlen

Hinter Wolken, sanft verborgen
leuchtet still der Sonnen Glanz.
Morgenröte, nebelumwoben,
zieht uns in den lichten Tanz.

Wellen klingen, sanfte Flüsse,
tragen Lieder durch die Nacht.
Sterne spiegeln in der Ferne,
Himmelsleuchten sacht erwacht.

Dunkle Schleier, weiche Schatten,
milder sanft der Welten Raum.
Hell im Herzen stille Strahlung,
träumen wir im Mondenbaum.

Verschwiegene Lichter

Zwischen Zweigen, still verborgen,
leuchten Lichter sachte klar.
Flocken fallen, Sterne singen,
Winterträume ganz und gar.

Silbern funkeln leise Farben,
Weben stille Zauberei.
Tief im Herzen, neues Leben,
naht uns aus der Dunkelheit.

Melodien, sanft verklungen,
trägt die Nacht im Wind entlang.
Flüsternde, verschwiegene Lichter,
machen uns der Sehnsucht bang.

Mystischer Hauch

Nebel streichen sacht durch Wälder,
tragen mit sich alten Duft.
Fernes Wispern, fremde Lieder,
mystisch webt die kühle Luft.

Eichen flüstern, Buchen raunen,
heimlich in der Dämmerung.
Verborgene Pfade still erkunden,
suchen wir den dunklen Schwung.

Schattenspiele, Geistergleiten,
ziehen uns in ihren Bann.
Märchen, Mythen, alte Zeiten,
hören wir den Schicksalsklang.

Glühwürmchens Heimkehr

Zwischen Gräsern sanftes Leuchten,
schafft ein zärtlich' Glühwürmchen.
Fliegt nach Hause, Sternenfunkeln,
Nachtschatten heimlich' Liebchen.

Wald und Wiese still erblühen,
wenn die Lichter kehren ein.
In der Dunkelheit ein Finden,
leuchtend wird der Heimat Schein.

Glühend funkeln, sanfte Träume,
tanzen in der Sommernacht.
Lichter schweben, Herzen beben,
natürlich Magie enflammend sacht.

Abendliche Melancholie

Wenn die Sonne am Himmel verblasst,
Schatten über die Landschaft legt,
Zieht die Stille heimlich durch den Fluss,
Wo Herz und Seele sich bewegt.

Die Sterne flüstern leise Lieder,
Von Vergangenem und was kommt,
Im sanften Raum von Wetterfieber,
Wo jede Träne still verdorrt.

Ein Mondstrahl küsst die Dächer sacht,
Zieht Muster in die Dunkelheit,
Erweckt Gedanken, still verbracht,
Von Liebe, Trauer, Einsamkeit.

Gesang der Abendbrise

Im goldnen Glanz der untergehnden Sonne,
Zwitschern Vögel ihr letztes Lied,
Das Rauschen des Windes, eine Wonne,
Vom Tag, der bald im Schatten flieht.

Die Blätter flüstern sanfte Klänge,
Erzählen von des Lebens Lauf,
In ihrem Tanz, ganz ohne Zwänge,
Geht jeder Augenblick darauf.

Ein Hauch von Frieden füllt die Luft,
Der Tag, er zieht ins stille Heim,
Getrieben vom sanften Abendduft,
Wo Träume sich in Sternen reihn.

Silberner Nebel

Wenn weiße Schleier sanft sich erheben,
Und wiegen durch das kühle Tal,
Verbergen sie des Himmels Streben,
Im stillen, mystischen Korral.

Der Morgen schimmert sanft und blass,
In silbernem, geheimen Glanz,
Durch Nebelschwaden, kalt und nass,
Beginnt der Tag im Nebeltanz.

Geheimnisse im Nebelreich,
Verhüllt durch flücht'ges Silbermeer,
Zeigen sich als sanftes Gleich,
Von Träumen, die verweh'n kaum mehr.

Vergängliche Momente

Im Fluss der Zeit, die Wellen tragen,
Vergänglichkeit in sanftem Schein,
Jeden Augenblick zu fragen,
Ob er jemals mehr wird sein.

Die Blume blühte nur für Stunden,
Verwelkte bald im Sonnenlicht,
So ist's auch uns im Hauch des Lebens,
Vergänglichkeit, ein stetes Gedicht.

Doch jeder Augenblick ein Stern,
Die in der Ewigkeit verweilt,
Erinnerung, die ferne fern,
Ein Herz von Liebe sanft geteilt.

Abendliche Fabeln

Wenn die Sonne Schlafen geht,
Und der Mond sich leise hebt,
Flüstert die Natur uns zu,
Erzählt von Ruh und Seelenruh.

Sterne funkeln, flimmern sacht,
Halten Wache über Nacht.
Füchse schleichen durch den Wald,
Jeder Schatten wird bald kalt.

Eulen rufen, laut und klar,
Träumen wird jetzt wunderbar.
Geschichten aus der alten Zeit,
Wolken segeln, weit und breit.

Mystisch, dunkel wird die Welt,
Der Wind geheimnisvoll erzählt.
Lausche stillen, sanften Wehen,
Kann die Wundermärchen sehen.

Lichtspiel im Dunklen

Kerzen flackern, Schatten tanzen,
Nacht umgibt die Dämmerglanzen.
Licht und Dunkel treten ein,
Zeigen uns, was könnte sein.

Durch die Fenster fällt der Schein,
Raudert leise, zart hinein.
Formen, Farben, zauberhaft,
Eine Welt, die Träume schafft.

Silberstrahlen, Mondgeflimmer,
Sternenlicht und Sehnsuchtsschimmer.
In der Ruhe dieser Stunde,
Findet Herz und Geist Verbunde.

Tief im Dunkel leuchtet klar,
Hoffnung, die stets greifbar war.
So viel Magie in jeder Nacht,
Wenn das Licht am Dunkeln lacht.

Erloschene Heiterkeit

Lachen, das einst fröhlich klang,
Verstummt nun, wie ein leiser Klang.
Erinnerungen voller Glanz,
Sind verblasst und ohne Tanz.

Stille Tränen, tief im Herz,
Verlieren sich in stillem Schmerz.
Was einst Freude hat gebracht,
Ist nun leer in finst'rer Nacht.

Winterhauch und kalte Winde,
Schweben über stummen Gründe.
Doch die Hoffnung ruht im Kern,
Dass bald wieder Lichter fern.

Ein neues Morgen, das erwacht,
Heiterkeit zurückgebracht.
In der Dunkelheit ein Schein,
Der verspricht, es wird bald sein.

Vergoldeter Nebel

Ein Schleier liegt auf jedem Feld,
Wenn der Morgen sich erhellt.
Nebel tanzen, silbern, rein,
Scheinen fast vergoldet sein.

Erste Strahlen, sanft und klar,
Streichen durch das Nebelhaar.
Erwecken Glanz auf jedem Blatt,
Was für ein magischer Format.

Zarte Tropfen auf der Haut,
Jede Träne wunderschaut.
In der Kühle dieser Stund,
Findet alles neuen Grund.

Märchenhaft und voller Pracht,
Erwacht der Tag aus tiefster Nacht.
Vergoldeter Nebelschein,
Lässt die Welt im Zauber sein.

Eintönige Symphonie

Der Regen fällt in sanften Tropfen,
über Dächern, über Straßen.
Ein grauer Himmel, melancholisch,
in Gedanken kann ich's fassen.

Das Ticken einer alten Uhr,
erfüllt den Raum mit stiller Macht.
Ein leiser Wind, der Blätter wiegt,
so vergeht die stille Nacht.

Die Stadt erwacht im Nebelgrau,
ein neuer Tag im gleichen Kleid.
Die Menschen hetzen, immer gleich,
der Alltag ruft, es ist soweit.

Kein Farbenmeer, nur Grau in Grau,
doch dennoch strahlt ein kleiner Schein.
In dieser eintönigen Symphonie,
kann auch Trübsal heiter sein.

Fading Beauty

Vergänglichkeit liegt in der Luft,
der Sommer neigt sich seinem Ende zu.
Die Blätter färben sich in Rot und Gold,
die Nächte bringen sanfte Ruh.

Ein Hauch der Zeit streift sanft mein Haar,
zeigt mir die Wege, die ich ging.
Die Schönheit, die einst strahlend war,
verblasst im Herbstwind sanft und flink.

Die Tage kürzer, kühler jetzt,
der Abend dämmt das Licht so sacht.
Die Farben schmelzen in den Himmel ein,
und über allem ruht die Nacht.

Und doch, in jedem Abschied steckt,
ein neuer Anfang, der uns trägt.
Die Schönheit mag vergehen, ja,
doch ihre Spur bleibt stets geprägt.

Goldener Schein

Die Sonne senkt sich langsam nieder,
umhüllt die Welt mit goldenem Licht.
Die Felder glänzen wie ein Spiegel,
die Nacht bringt warme Ruh' in Sicht.

Ein Schimmer liegt auf See und Land,
der Tag verweilt im Abendglanz.
Ein goldener Schein umhüllt die Welt,
wie eine zarte, magische Substanz.

Die Schatten wachsen sanft empor,
verlängern sich im letzten Licht.
Die Ruhe kehrt in jeden Winkel ein,
wenn der Tag dem Schlafplatz wich.

In diesem gold'nen Augenblick,
fühlt man die Welt in Harmonie.
Die Schönheit, die der Abend bringt,
ein stilles Lied, ein sanftes Wie.

Wispernde Schatten

Im Zwielicht tanzen Schatten leis,
flüstern Geschichten, alt und neu.
Im Dunkel, wo die Geheimnisse ruh'n,
erwacht die Nacht, der Schleier treu.

Die Eulen rufen in die Nacht,
verhallen im entferntem Raum.
Ein Flüstern geht durch Düfte sacht,
geschwängt im trägen, stillen Traum.

Das Mondlicht malt Gespenster zart,
in diesen Stunden, dunkelblau.
Die Schatten klingen wie Gesang,
ein Lied der Nacht, so still und lau.

Das Wispern trägt die Träume fort,
sanit auf dunkeln Schwingen weit.
In Schatten lieg' das Zauberland,
iem sanfter Hauch der Ewigkeit.

Ruhiger Abschied

Ein Abschied still in sanfter Nacht,
Der Mond die letzten Träume wacht,
Die Sterne flüstern leis ihr Licht,
Ein jeder gehen muss, wer spricht?

Der Schmerz verhallt, verblasst mit Zeit,
Und Hoffnung bringt Geborgenheit,
Die Tage klingen sanft und weit,
Ein neuer Morgen stets bereit.

Im Wind verwehen alte Sorgen,
Versprechen auf ein neues Morgen,
Und all das, was uns einst verband,
Verblüht in fernem, fremden Land.

Verlösende Glut

Die Glut, sie löscht im Abendrot,
Der Tag verweht in sanfter Not,
Ein Schatten hüllt die Erde ein,
Die Nacht bringt Ruhe, still und rein.

Der Wind trägt fort der Flammen Rest,
Ein Funken nur, der übrig lässt,
Des Feuers Tanz, er endet leis,
Ein Flüstern nur im weiten Kreis.

Im Traum, da glimmt das letzte Licht,
Wie sanft des Feuers Angesicht,
Im Dunkel ruht die Welt in Frieden,
Bis neue Morgenstrahlen glühen.

Brücken aus Licht

Die Nacht, sie webt aus Sternen Licht,
Ein Bogen, der durchs Dunkel bricht,
Ein Weg, der gleitet sanft dahin,
Wo Träume ihren Anfang nahm.

Ein Sehnen spannt sich über Zeilen,
Die Herzen tief im Dunkeln weilen,
Doch Brücken leuchten strahlend hell,
Verbinden Welten, sanft und schnell.

Gedankenflüge streifen sacht,
Durch lichterfüllte Sternennacht,
Ein neuer Tag, er naht bereit,
Das Licht vertreibt die Dunkelheit.

Sonnenkuss

Die Sonne küsst den stillen See,
Ein Glitzern tanzt im Morgenweh,
Und sanft erwacht die Welt im Licht,
Der Tag erhebt sich, leise spricht.

Ein Hauch von Wärme streift die Haut,
Die Nacht verklingt, der Morgen taut,
Im Herzen blüht ein neuer Tag,
Ein Sonnentraum, der Freude mag.

Im Spiel der Strahlen klingt ein Lied,
Von Hoffnung, die im Herzen liegt,
Ein Sonnenkuss, so zart und rein,
Vergoldet jeden kleinen Stein.

Geheimnisvolle Neigung

Ein Flüstern in der Dämmerung,
Verdeckt vom sanften Schein,
Die Nacht ist voller Sehnsucht,
Denn Sterne sind allein.

Ein Pfad aus Träumen, lichterloh,
Ein Ziel im fernen Reich,
Die Neigung bleibt geheimnisvoll,
Sie schwebt und bleibt doch gleich.

Ein Rätsel, zart und unberührt,
Ein Klang von ferner Zeit,
Die Seele leise aufgetürmt,
Von niemandem befreit.

Der Mond, er winkt dem Schatten zu,
Im Tanz der Dunkelheit,
Das Licht erhellt die stille Ruh,
Erzählt von Ewigkeit.

Ein Herz in dunkler Winde Spur,
Von Wünschen zart getragen,
Die Liebe bleibt ein sanftes Tor,
Zu Fragen, die nicht klagen.

Entschwindende Strahlen

In gold'nen Strahlen schwebt der Tag,
Verhüllt das Himmelszelt,
Die Sonne sendet ihren Mag,
Bevor die Nacht einfällt.

Ein letzter Hauch von warmem Licht,
Verblasst am Horizont,
Die Dunkelheit, sie sanft verspricht,
Ein Märchen, das uns prompt.

Der Abend küsst den müden See,
Im Widerschein der Sterne,
Die Schatten flüsternd, sanft und sacht,
Vom Wandel ruhiger Ferne.

Ein Vogel singt sein leises Lied,
Im Zwielicht, das entschwindet,
Die Stille, die die Zeit besiegt,
In sanften Traumgeflinde.

Ein Funken Glanz im Dämmerweich,
Erzählt von fernen Tagen,
Die strahlend hell und federleicht,
Von Herzen weitertragen.

Verzweigte Schatten

Ein Baum, im Abendlicht erstanden,
Sein Schattenzweig am Boden schleicht,
Das Winternacht, die uns umfangen,
Ein Bild in Dunkelheit erreicht.

Die Wege, die im Schatten liegen,
Verzweigt, verworren, ohne Spur,
Ein Rätsel, das sich still entzieht,
Ein Pfad, der ohne Uhr.

Die Blätter flüstern, leise rauschen,
Ein Hauch von Ewigkeit im Wind,
Die Schatten, die verborgen tauschen,
Ein Stück der Zeit, die sanft verrinnt.

Ein Traum, der durch die Zweige wandert,
Gesichter, die im Nichts vergehn,
Ein Sein, vernebelt, tief und anders,
Ein Wunsch, der keimt und nie vergeht.

Die Nacht umfasst mit stillen Händen,
Das Raunen, das im Dunkel ruht,
Und doch, im Herzen neue Bände,
Von Licht und Schatten unsrem Blut.

Sanfte Übergänge

Ein Morgenrot im stillen Glanz,
Das Licht, es sanft erwacht,
Die Welt in friedlich zartem Tanz,
Vom Schlaf in Tag gebracht.

Der Nebel hebt sich, leise weicht,
Der Tag begrüßt das Licht,
Ein Flüstern, das die Stille streicht,
Die Dunkelheit zerbricht.

Ein Lied, das durch die Lüfte zieht,
Die Farben sanft entfacht,
Die Welt in neuer Pracht durchglüht,
In sanfter Morgenpracht.

Ein Schritt, ein Hauch von neuem Sein,
Der Wandlung stilles Spiel,
Der Übergang so zart und rein,
Ein Traum, der hier verfiel.

Die Sonne blinzelt durch das Blatt,
Der Tag wird neu geboren,
Die Nacht, die ihre Sterne satt,
Im Morgenlicht verloren.

Schlafende Wälder

Im Schlummer liegen Bäume still,
Ihr Flüstern sanft, so leis' verhallt.
Im Traum durchzieht ein zartes Bild,
Der Mondschein glitzert, silbrig kalt.

Schlummernd ruht das grüne Revier,
Eichhörnchen träumt im warmen Nest.
Licht und Schatten wechseln hier,
Der Wald, er findet sanfte Rast.

Lässt das Laub vom Wind sich tragen,
Wiegt es sanft in Harmonie.
Stille herrscht, kein Grund zum Klagen,
Eins mit der Natur ist's wie Magie.

Sterne funkeln übers Hain,
Beschützen seinen stillen Schlaf.
Und der Wald in seinem Sein,
Ruht im friedlichen Geschaff.

Morgensonne bringt das Licht,
Erweckt den Wald aus seinem Traum.
Neuer Tag, doch nun noch nicht,
Zweige wiegen leicht im Raum.

Silhouetten des Zwielichts

In der Dämmerung ziehen sie,
Schleierhaft und zart verhüllt.
Schatten tanzen, flüstern wie,
Ein Geheimnis, das erfüllt.

Himmel färbt sich sanft in Rot,
Erde atmet tief und leise.
Schatten wandern ohne Not,
In der ersten Abendreise.

Nebel kriecht aus Wiesen sacht,
Silhouetten werden klar.
Zwielicht malt in sanfter Pracht,
Einen Traum, so wunderbar.

In der Stille hört man kaum,
Wie die Nacht hereinbricht still.
Jeder Schatten, wie ein Traum,
Zwielicht, das die Sehnsucht stillt.

Hoffnung lebt in diesem Scheine,
Wünsche flüstern leis' im Wind.
Zwielicht führt uns durch die Reine,
Wo die Träume heimisch sind.

Das Erwachen der Sterne

Am Horizont, so sanft und klar,
Erstrahlen Lichter weit und fern.
Ein jedes Licht erzählt Gefahr,
Und Träume, die wir haben gern.

In der Nacht, der Himmel hell,
Glitzert Stern um Stern so fein.
Tief im Herzen Klang wie Quell,
Ein jedes Leuchten willig sein.

Stille zeigt der Sterne Pracht,
Märchen aus der weiten Ferne.
Zusammen scheinen sie in Nacht,
Flüstern Träume ohne Gerne.

Ein jeder Stern im Silberglanz,
Erweckt das Herz, das stille ruht.
Des Himmels erstes Liebeskranz,
Gibt uns allen neuen Mut.

Des Himmels Weite unermesslich,
Sterne, die uns Freude lehrt.
Ihre Kraft so sanft und friedlich,
Ein jeder ihren Glanz begehrt.

Funken des Aufbruchs

Im Morgengrauen, erstes Licht,
Zündet Funken neuer Zeit.
Ein jeder Funke bricht die Pflicht,
Und öffnet Türen weit und breit.

Sonne steigt und wärmt das Land,
Weckt das Leben sanft und klar.
Funken leuchten wie ein Band,
Bringen Hoffnung, wunderbar.

Schritte, die im Takt sich fügen,
Jedes Herz dem Traum entgegen.
Funken tanzen, viel zu lieben,
Aufbruch ist der Zukunft Segen.

Nebel hebt sich, Luft wird rein,
Funken sprühen auf die Flur.
Jeder Funke, Licht so klein,
Führt uns zu der Freiheit Spur.

Funken laden ein zum Reisen,
Herzen öffnen, Seelen frei.
Traum und Wirklichkeit im Kreise,
Aufbruch ruft, die Welt ist neu.

Sanfte Verfärbung

Blätter tanzen in der Luft
Herbstwind streichelt Wangen zart
Farben ändern sich zur Gruft
Natur bereitet Abschied grad

Schimmernd gold'ner Sonnenschein
berührt die Erde mild und warm
Rot und Gelb in sanftem Reih'n
hüllen alle Bäume in ihrem Charme

Früchte reifen, Blätter fallen
eine ruhige Melancholie
Wälder duften, Vögel lallen
verfärbt Natur, wie Symphonie

Garten ruht in stiller Pracht
das Sommerlied verklang ganz leis
Sanft in Nacht sich Winter tracht
Monde schimmert wolkenweiß

Seelen finden auch zur Ruh
in dieser Jahreszeit so sacht
ein sanfter Übergang dazu
in Farbenpracht, die Herbst erwacht

Seelenspiegelung

Im See das Bild von dir erglimmt
umgeben von des Waldes Ruh
Die Wasseroberfläche stimmt
mit deinem Herzen, sanft im Du

Die Wellen spiegeln dein Gesicht
ein stilles Lächeln huscht hinweg
In deiner Seele strahlt ein Licht
verleiht dem Tag den eignen Zweck

Gedanken fließen, klar und rein
wie dieser See in Morgenfrüh
Wasserfunken tanzen klein
erzählen leise vom Gefühl

Ein Hauch von Frieden in der Luft
der See als Spiegel deiner Welt
Übersinne leis und sanft
was tief in deiner Seele hält

So ruhe still am Ufers Rand
schau in das Wasser tief und weit
In seelenvoller Spiegelwand
findest du Ewigkeit, Geleit

Wiederkehr des Abends

Sonnenuntergang bricht an
Farbenspiel im Horizont
Heimlich folgt der selige Plan
wo Tag dem Abend eng verschont

Schattenspiel im dämmrig Licht
Lieblich wird die Welt so weich
Sterne blinken im Verzicht
am Himmelsbogen, still und reich

Die Lüfte tragen Abendduft
eine Ruhe kehrt nun ein
Welch' Wohltat in der sanften Kuft
endlich kann der Geist nun sein

Nacht umarmt die Erde küssend
trägt hinüber, sanft im Lauf
wie ein Traumbild immer flüssend
bis der neue Tag dann taucht

Die Wiederkehr des Abends zart
ein Frieden, der die Welt umfängt
in seiner stillen, ruh'gen Art
die unsere Seelen sanft bedängt

Samtiger Abschied

Ein letzter Gruß vom Sommerwind
streicht sacht durch goldnes Blättermeer
Die Zeit des Lebens ruhn beginnt
die Farbenwelt verblasst nun sehr

Noch einmal flammt der Abend rot
in samt'gen Tönen tief und weit
Doch bald schon ruht die Erde tot
zurück in sanftem Dunkelkleid

Der Sonnenstrahl kurz aufblitzt
hüllt alles in ein sanftes Schweigen
nur noch das Abendlicht uns schützt
das Dunkel will sich schließlich zeigen

Ein Abschied süß mit warmem Hauch
verfließt in ruhiger Harmonie
in Nebelschwaden auf und auch
erklingt des Herbstes Melodie

So gleitet leis die Zeit dahin
nun ruht die Welt in Stille nun
die Samtnacht bringt uns Schlafes Sinn
hüllt uns in Frieden sanft ein Ruhn

Goldene Erinnerung

In alter Zeit so wunderbar
Ein Bild, das nie verging
Erinnerungen, immerdar
Ein Lied, das zu uns singt

Vergangen, doch nicht verloren
Wie ein funkelndes Sternenmeer
Im Herzen tief eingefroren
Bleibt es bei uns, immer mehr

Ein Lächeln aus vergangenen Tagen
Verleiht dem Heute Licht
Kein Dunkel kann es jagen
Vergisst die Seelen nicht

Das Gold der alten Stunden
In jeder Faser spürt man's noch
Zusammen festgebunden
Als stünde die Zeit nicht noch

So träumen wir gemeinsam
Von dem, was einst gespielt
In goldener Erinnerung
Die uns ins Herz gekrallt

Die letzte Flamme

Ein Hauch von Asche zieht dahin
Was einst so glühend war
Die Flammen flüstern im Gewin
Vom letzten, hellen Jahr

Die Funken tanzen durch die Nacht
Erzähln von heißer Glut
Die Liebe, die wir entfacht
Verflog in sanfter Flut

Ein Funke bleibt uns dennoch treu
Im Herzen tief verwahrt
Die Wärme, still und ohne Reu
Hat sich in uns gespart

Das sich das Feuer neigt und sinkt
Nicht alles wird vergehen
Die letzte Flamme stumm verlinkt
In uns als stilles Flehen

Wo Rauch und Asche sind vermehrt
Da suchte man das Licht
Die Herzen, sie sind unversehrt
Die letzte Flamme bricht

Weiches Lichtspiel

Das Licht bricht sanft durch Laub und Zweig
Ein zarter Tanz der Schatten
Die Zeit verweilt, der Raum so bleich
Vergangnes kann nicht raten

Ein Spiel aus Licht im Morgenrauch
Natur in sanften Tönen
Die Welt erwacht aus tiefem Schlauch
Wo Träume leise frönen

Von Liedern bloß ein Wispern trägt
Durch einen stillen Hain
Die Morgensonne niederlegt
Ein Leuchten in den Keim

So zart, das Licht ein Lied ertönt
Im zarten Herzgefilde
Wie immerwährend zugesöhnt
Führt es das sanfte Bilde

Das weiche Lichtspiel zeigt den Tag
In neuem, hellem Glanz
Ein Leben kehrt und mit Behag
In ewigem Gleichklangstanz

Geflüstertes Adieu

Ein leises Wort, ein sanftes Flehen
Im Wind verweht so leicht
Geflu   stertes Adieu, verwehen
Was uns in Tra   umen reicht

Am Horizont verschwinden Träume
Wie Wolken, die vergehen
Ein letzter Blick, der Herz umräume
Die Sehnsucht bleibt bestehen

Die Worte, die so sanft entfliehen
Berühren tief die Zeit
Gefühle, die in Herzen ziehen
In ewigem Geleit

Geflüstert wird das Adieu leise
Im Raum vergeht der Schall
Die Liebe bleibt in ihrer Weise
Wir fühlen ihren Hall

Im stillen Hauch des letzten Grußes
Verpackt im zarten Licht
Bleibt ewger Schmerz uns Vorwandschmuses
Im Herzen, das nicht bricht

Geisterhafte Lichter

Im Nebel tanzen Schatten,
Flimmern still in kalter Nacht,
Kommen, ohne je zu warten,
Wie vom Mondesschein entfacht.

Wispern leise die Geister,
Flüstern Worte ungehört,
Gehen rastlos und viel leichter,
Durch die Leere unerklärt.

Zitternd im blassen Dämmer,
Schwinden dort ins Nirgendwo,
Schön und schaurig wie Gespenster,
Schweben sacht am Fenster so.

Die Stille nährt Verlangen,
Nach dem Rätselvoll, das sein,
Greifen wir durch Raum und Zeiten,
Bleiben doch im Lichterglanz allein.

Auf den Spuren jener Lichter,
Wandern wir im Traum vereint,
Suchen jene Geister, die wir,
Oft in Wirklichkeit verneint.

Wehmut der Dämmerung

Im letzten Licht der Sonne,
Seufzt der Tag zum Abschied hin,
Leise ruht die Welt im Schlummer,
Und der Frieden ist nicht fern.

Nun erhebt sich sanfte Stille,
Breitet ihre Schwingen aus,
Trägt die dunklen Hüllengratten,
Über Stadt und jede Haus.

In der Ferne bleiche Sterne,
Wachen stumm am Himmelszelt,
Zeugen still von Weltenferne,
Von der Uhren Rätselwelt.

Herzen sehnen sich nach Leibe,
Doch die Nacht ist eisig kühl,
Süße Wehmut hält uns leise,
In des Traumes flüchtig Spiel.

Was vergeht mit Dämmerhauch,
Füllt die Seele mit Verlangen,
Schatten sammeln still im Bauch,
Und das Herz schlägt tief von Bangen.

Der letzte Strahl

Goldne Streifen gleiten nieder,
Färben still des Himmels Grau,
Flüstern leise Abschiedslieder,
Sachter Wind im Abendblau.

Der Sonnenstrahl, im Fernen schwindend,
Küsst die Erde zart zum Schluss,
Sacht die Dämmerung sich windend,
Drängt hervor des Dunkels Fluss.

Flammenrot die Wolkenränder,
Löschen allmählich in der Zeit,
Still wird's, heißend sanfte Bänder,
Mit des Nachthauchs Ewigkeit.

Jener letzte Strahl verschleiernd,
Trägt Geheimnisse davon,
Lässt Gedanken wild herumreihend,
Fragen suchen ihren Ton.

In den Tiefen jener Stunde,
Liegt ein Zauber, tief und klar,
Der letzte Strahl, nunmehr verschwunden,
Ist im Herzen immer da.

Flüsternder Abendwind

Sanft erhebt sich leise wehe,
Abendwind im stillen Raum,
Flüsternd seine kühlen Zehen,
Streift durch Schatten, durch den Traum.

Rauschen, flüstern alle Blätter,
Wiegen sacht im Windespiel,
Lösen täglich frische Ketten,
Singen Lieder, zart und still.

Nächtlich bringen seine Worte,
Erinnerungen ans Licht,
Rühren zärtlich an den Orte,
Wo Vergessenkeit nun spricht.

Sein Gesang ist wie die Ferne,
Lockt uns hin zum Moor und Tal,
Wo die funkelnden, leichten Sterne,
Wachen über Erdental.

Komm, o Wind, erzähl uns leise,
Jene Mär von alter Zeit,
Mit dem Flüstern deiner Reise,
Trägst Du uns in Ewigkeit.

Schatten der Abendsonne

Wenn die Sonne langsam sinkt,
Und die Welt in Farben ertrinkt,
Erwachen die Schatten der Abendstund,
Verhüllen die Erde als sanfter Mund.

Schwarze Silhouetten wiegen sacht,
Spielen im Wind, in stiller Nacht,
Gärten im Dämmerlicht so still,
Folgen dem Ruf aus weiterem Will'.

Die Zeit hält kurz den Atem an,
Während die Dämmerung ziehen kann,
Kahle Äste wie Finger im Tanz,
Erzählen Geschichten, voll Eleganz.

Verwandlungen im Abendglanz,
das Licht spielt seinen letzten Scherz,
Die Schatten lehnen sich auf das Land,
Als trüge sie eine unsichtbare Hand.

Und so nimmt die Nacht ihren Platz,
Mit der Ruhe und dunklem Kranz,
Die Schatten formen leise Chöre,
Erzählen von einer Welt, die einst war.

Wogen des Zwielichts

Die Wellen flüstern sanft und leise,
Und wiegen sich in stiller Weise,
Ein Hauch von Ewigkeit erblüht,
Wo Himmel auf das Meer sich stützt.

Zwielicht malt den Horizont,
Die Farben glühen wundervoll,
Ein Tanz von Licht und Schattenpracht,
Erweckt das Meer in jener Nacht.

Der Wind erzählt von fernen Land,
Die Ferne ruft mit stiller Hand,
Der Abend senkt sich über See,
Die Wellen tragen uns in Ruh.

Geflüster teilt das Meer mit dir,
Geheimnisse, die fern von hier,
Das Zwielicht wiegt die Zeit so sacht,
Und schickt uns in die träumend' Nacht.

In jener Weite, die uns trägt,
Wo Sternenlicht die Nacht erregt,
Verlieren sich die Wogen nun,
Im Spiegelbild der Mondsichel ruh'n.

Sanftes Abendrot

Wenn der Himmel sanft verglimmt,
Und die Nacht den Tag besimmt,
Erstrahlt das Abendrot so klar,
Als wäre es das letzte Jahr.

Glühend tanzt das Sonnenlicht,
Ein Farbenspiel im Angesicht,
Der Dämmerung, die flüstert leis,
Von liebevollen, warmen Kreis.

Die Vögel schweigen still im Flug,
Die Erde ruhend, ein sanfter Zug,
Von Hauch und Brise, warm und lind,
Das Abendrot den Frieden bringt.

Das Herz erinnert sich zurück,
An Momente voller Glück,
Wo Sonnenfeuer sich verlier'n,
Im Abendrot der stillen Zier.

Und wenn die Dunkelheit erblüht,
Die Welt in sanfter Stille ruht,
Bleibt das Abendrot als Licht,
Ein Trost im nächtlichem Bericht.

Verborgene Sterne

In der Tiefe der dunklen Nacht,
Wo Sternenlicht geheimnisvoll erwacht,
Verbirgt sich ein funkelnder Reigen,
Der Herzen und Seelen mag neigen.

Verborgene Sterne, so fern, so nah,
Erscheinen uns ein jedes Jahr,
Leuchtend in des Himmels Weite,
Füllen die Nacht mit sanfter Freude.

Geschichten erzählen diese Lichter,
Von Zeiten, Hoffnungen und Gesichter,
Die Funkeln in der Ewigkeit,
Gebären Träume in der Dunkelheit.

Ein Glitzern dort, ein Flimmern hier,
Erhellt das Dunkel, weit und kühl,
Das Himmelszelt, so groß, so klar,
Verborgene Sterne leuchten wahr.

Und wenn die Nacht zum Tag erwacht,
Verweilt ihr Schein bei uns in der Nacht,
Ein ewiges Band aus Licht dort oben,
Von verborgenen Sternen, die wir loben.

Schwärmende Farben

Am Morgen singt der Himmel blau,
Die Welt ruht sich in Farben aus,
Ein Reigen, sanft und wunderbar,
In jedem Blatt ein stilles Haus.

Rot gleitet über grüne Flur,
Des Windes sanfte Melodien,
Die Blumen leuchten bunt im Chor,
Ein Bild, das Herzen will verdienen.

Gelb küsst der Sonne Zeitgenuss,
Und lila schläft im Schäfertraum,
In Farben schwelgt ein warmer Kuss,
Der Himmel gibt sein Farbenschaum.

Sanfter Neuanfang

Ein Morgenlicht durchbricht die Nacht,
Die Stille weicht dem jungen Glanz,
Ein neuer Tag in voller Pracht,
Erwacht im sanften Morgentanz.

Vergangnes bleibt im Schatten still,
Ein Sprung ins unbekannte Licht,
Ein Tönen, das die Herzen füllt,
Ein leises Singen, das verspricht.

Der Wind weht sanft durch's frische Grün,
Die Blumen nickend uns begrüßen,
Ein neuer Anfang kann erblühn,
In Augen, die das Leben küssen.

Vergängliche Pracht

Im Garten blühn die Rosen rot,
Ein Hauch von Ewigkeit im Duft,
Doch Welken trägt die Zeit im Lot,
Und Herbst verspricht bald kalte Luft.

Vergänglichkeit in jedem Blatt,
Das zarte Lächeln still verblasst,
Ein Tanz im Wind, so fein, so glatt,
Ein Hauch, der schon vergehen fasst.

Doch jede Blüte lebt im Traum,
Ein Augenblick der Schönheit gibt,
Und in des Herbstes rauem Saum,
Ein Tropfen, der Vergänglichkeit liebt.

Flüchtiger Glanz

Der Abend senkt sich still herab,
Ein letzter Strahl der Sonne küsst,
Die Welt im goldnen Schlaf erwacht,
Ein Wispern, das die Nacht vermisst.

Die Sterne blinken hell und klar,
Ihr Glanz ist wie ein kurzes Lied,
Ein Augenblick in weitem Jahr,
Der sich im flücht'gen Traume sieht.

Ein Licht scheint auf, vergeht sogleich,
Der Mond verbreitet sanften Schein,
Und in der Nacht, so schön und weich,
Verbirgt sich eines Traumes Pein.

Letztes Licht des Tages

Die Sonne sinkt im Westen
und taucht das Land in Rot,
mit Farben wie von Festen,
der Tag, er zieht zum Lot.

Die Schatten werden länger,
der Himmel glüht so warm,
das Herz wird schwerer, strenger,
die Nacht birgt ihren Charme.

Das Licht geht still verloren,
und Sterne steigen auf,
die Welt, sie scheint erkoren
für einen neuen Lauf.

Ein Vogel singt sein Lied,
die Stille kehrt bald ein,
nur noch das Licht verblüht,
kann es schon Frieden sein?

Die Dämmerung, sie flüstert,
die Dunkelheit gewinnt,
doch ein Gefühl durchschwirrt,
dass wir geborgen sind.

Verwobene Farben

Im Dschungel der Gefühle,
wo Grün und Blau sich trifft,
verwoben in der Spiele,
die Zeit der Seele lift.

Die Farben tanzen leise,
ein Regenbogen Schein,
durchstreifen jede Reise,
gemeinsam und allein.

Ein rotes Band des Lebens,
in Gold und Silber klar,
verknüpft sich ohne Strebens,
zu einem Farbenpaar.

Der Morgen kommt in Gelb,
der Abend trägt das Grau,
so zeigt sich uns das Bild,
in Himmelblau und Tau.

Gefühle, bunt und stark,
zieht uns in ihren Bann,
wie eine leise Mark,
in Farben, die man kann.

Schweigende Landschaft

Ein Feld, in Ruhe liegend,
die Bäume schweigen still,
die Wolken weich und wiegend,
kein Laut, nur mürber Will.

Das Gras, in sanftem Wiegen,
der Hügel stolz und weit,
ein Hauch von kühlen Zügen,
verstreicht die Einsamkeit.

Die Berge hoch erhoben,
sie stehen stumm im Wind,
kein Laut wird heut verproben,
wo Feld und Himmel sind.

Der Abend naht in Stille,
der Tag nimmt leise ab,
es bleibt nur unser Wille,
des Himmels Farbentap.

Im Tal die Dunkelheit,
schleicht leise, still heran,
die Nacht bringt Sicherheit,
umhüllt die ganze Bahn.

Ruhige Wasser

Am See, der ruhig schimmert,
das Wasser klar und rein,
der Silbermond es flimmert,
die Seenacht magisch fein.

Das Ufer sanft umrauscht,
der Wind, er haucht so sacht,
ein Wesen still belauscht,
der tiefen Wasser Pracht.

Die Wellen träumen leise,
in sanftem, stetem Zug,
sie kennen ihre Reise,
die Zeit scheint nicht genug.

Ein Kahn, so still und friedlich,
gleitet leicht davon,
der Abend sternenliedlich,
die Nacht beginnt daher.

Die Wasser, tief und wahr,
ihre Weisheit allzusacht,
ie wirken stets so klar,
doch bergen große Macht.

Leise Abschiede

Ein sanfter Windhauch geht vorbei,
flüstert uns ein leises Lebewohl.
Im Zwielicht glimmt der Abend rot,
hält geheim, was bleiben soll.

Schatten fliehen in die Nacht,
Zeit verrinnt, wo Worte schweigen.
Still und leise, fast wie im Traum,
sagt die Stille: ich will bleiben.

In der Ferne ruht der Tag,
trägt im Herzen Hoffnungsschimmer.
Morgenlicht wird neues Leben schenken,
Trost im leisen Abschiedswimmern.

Unsere Blicke treffen sich,
spüren, was wir nicht benennen.
Ein stiller Abschied, voller Glanz,
Leise Töne, die uns trennen.

Silberne Silhouetten

Nacht legt sich um die Welt,
Sterne glitzern silberklar.
Schweigend ziehen Silhouetten,
zagend in das Dunkelgar.

Silberfäden weben Träume,
leuchten mild im Mondenschein.
Leise Schritte, ferne Klänge,
fühlen sich dem Himmel nah.

Schattenspiel in sanften Tönen,
flüstert leise, ruht so still.
Sich entwindende Silhouetten,
tragen Wünsche, die verhüllt.

Samtig hüllt die Nacht uns ein,
lässt uns in die Ferne sehen.
Silberne Gestalten ziehen,
erfüllen sanft das Dämmerwehen.

Verwobene Farben

Am Rande eines bunten Traums,
verschmelzen Farben, leuchten klar.
Verweben sich im Himmelslicht,
malen Bilder, wunderbar.

Rosenrot und Himmelblau,
fließen sanft in Grün und Gold.
Farbenspiel im Morgennebel,
Märchenland, das nie verkohlt.

Leuchtend schwingt sich jede Nuance,
webt ein Netz aus Farbenpracht.
Eintauchen in den Farbenregen,
pur, lebendig, zauberhaft.

Verwobene Farben, sanft verflochten,
erzählen still von Träumerein.
Im Lichtgewebe dieser Welt,
sehen wir das Leben sprühen.

Verborgene Ankunft

Im Schatten eines stillen Pfades,
verhüllt der Weg die Reisezeit.
Eine Ankunft, sanft und heimlich,
birgt im Dunkeln unser Leid.

Verwundet war die Seele lang,
wartet still auf den Moment.
Verborgene Ankunft, fern und nah,
zeigt uns, wer den Weg erkennt.

Durch stille Wälder, dunkle Pfade,
führt uns Hoffnung, sanft und leise.
Verborgene Ankunft, Licht in Dunkel,
findet uns auf stiller Reise.

Im Herz ein Funke, Licht und Frieden,
Nachhall von vergangnem Weh.
Verborgene Ankunft, sanft und leise,
führt uns heim in neues Geh.

Träume im Zwielicht

Im Zwielicht tanzen Träume leise,
wie Wispern in des Windes Flüstern,
versinken tief in Nächte weise,
ein Seelenruh, ein sanftes Gipfern.

Die Schatten malen Bilder zart,
ein Märchenland aus Sternenstaub,
des Mondes Silberschimmer ward,
gesponnen aus dem dunklen Raub.

Ein Flüstern hallt durch stille Weiten,
die Traumgestalten sich entfalten,
wie Wolken, die im Licht verweilen,
ein Hauch von Zauber, Geisterseiten.

Des Himmels Schleier sanft umarmt,
mit Flügeln, die das Herz berühren,
in Träumen stumm und unbemerkt,
wir durch die Zeit und Ferne führen.

Glimmen im Nebel

Der Nebel webt ein graues Kleid,
umhüllt die Welt in Matten Tönen,
ein Glimmen schimmert sanft und weit,
erhellt den Dunst in zarten Schön.

Die Stille flüstert weich und mild,
ein Nebelmeer in sanften Wogen,
des Tages Klang verhallt so still,
ein Traum im Grau, ganz tief verbogen.

Die Schatten tanzen leise hier,
in Nebellicht, so weich und zart;
verweht die Zeit in Nebels Gier,
ein Märchenland, das niemand ward.

Ein Glimmen glimmt und wird erglänzt,
ein Funken Hoffnung in der Nacht,
der Nebel uns in Traum gewähnt,
in seinem Hauch, in seiner Pracht.

Gesang der Nacht

Die Nacht erhebt ihr stilles Lied,
verheißt Geheimnis und Geschichten,
die Sterne funkeln nah und weit,
das Dunkel hüllt in sachte Dichten.

Ein Wispern, das die Zeit verweht,
Des Mondes Schein im Traum gefangen,
ein leiser Klang, der leise geht,
ein Seelenruf, so tief empfunden.

Die Eulen singen sanft und leise,
die Winde rauschen durch die Bäume,
die Nacht durchstreift die weite Reise,
geflüstert wird von alten Träumen.

Ein Stern fällt sanft herab zur Erde,
verglüht in einem stillen Schweigen,
der Nachtgesang wird leis zur Ferne,
ein Hauch von Ruh in dunklen Reigen.

Feuer im Abendrot

Ein Flammenmeer im Abendrot,
die Sonne sinkt im Glanz hernieder,
ein goldner Schein, der Himmel loht,
die Farben brennen in den Gliedern.

Ein Feuerball auf Erden sinkt,
der Horizont in Glut erstrahlt,
armselig Zeit in Farben trinkt,
des Tages Licht wird leis gemalt.

Der Abend ruft in Feuers Scheine,
die Schatten winden sich im Glimmen,
ein Rot, ein Gold in ferner Weite,
des Nachtes Schwärze leis beginnen.

Die Letztem Strahlen weich verglimmen,
verschwinden in der Dunkelheit,
die Sterne sachte sich erklimmen,
ein Feuermeer, das uns befreit.

Schillernde Nachtvorboten

Sternglanz macht die Nacht so klar,
Funkelnde Vorboten hoch und nah.
Im Mondlicht tanzen Schatten leise,
Die Welt in sel'ger, stiller Weise.

Den Himmeln fern, doch Herz so nah,
Träume wagen sich ans Tageslicht jetzt da.
Gedanken fliegen, frei von Sorgen,
In dieser Nacht ist doch ein Morgen.

Hoffnung schimmert, sanft und klar,
Wie ein Lied, so wunderbar.
Jeder Stern ein Lichtlein klein,
Im Dunkel wird das Leben sein.

Winde flüstern Liebeslieder,
Klingen süß in unserm Glieder.
Und die Nacht erzählt die Sagen,
Bis die ersten Sonnenstrahlen tragen.

Schillernd werden die Sterne fliehen,
Am Horizont die Sonne glühen.
Doch bis dahin bleibt es still,
Träume schweben still im Will.

Feuer und Schatten

Flammen tanzen, Schatten stehlen,
Zwischen Licht und Dunkel wählen.
Feuer drängt, durch Nacht und Schein,
Glühende Glut, wie Herz zu sein.

Dunkel floss die Nacht herbei,
Zögerlich wie ein sterbender Schrei.
Doch durchbrochen von dem Flackern,
Schatten fliehen, Funken knacken.

Wärme küsst die kalten Hände,
Lodernd Feuer, kein Ende.
Da wo Flammen walten, brennen,
Verloren Träume sich erkennen.

Licht und Dunkel im Einklang,
Ewig währt des Lebens Drang.
Feuer küsst der Schatten Wangen,
Süß verweilen, heiß Verlangen.

Denn in jener stillen Pracht,
Wo sich Feuer mit Schatten vermacht,
Findet jeder Funken seinen Schein,
Und im Schatten wird er sein.

Die Zeit des Übergangs

Herbstlaub fällt, es tanzt und flüstert,
Sanft der Wind die Felder wispert.
Farbenspiel aus Gold und Rot,
Übergang in Lebensnot.

Blätter fallen, kühler Wind,
Flüstern laut, wo wir sind.
Zwischen Sommer, Winterzeit,
Die Natur im Übergang bereit.

Fröstelnd geht's zum Horizont,
Hoffnung, die in Farben thront.
Nebel kehrt aus ferne Zonen,
Hüllt uns ein in weiche Phonen.

Morgen dämmert, Tag verweilt,
Abschied, der das Herz erteilt.
Doch in diesem Wandel sehen,
Neuanfang, den wir verstehen.

Zwischen Zeiten, Wandeln leise,
Hoffnung, die sich stets erweise.
Übergang und Neugeburt,
Jeder neue Tag uns ruft.

Müdes Sonnenlicht

Sanft der Schein im Abendlicht,
Langsam schließt der Tag sein Gesicht.
Müde strahlen letzte Funken,
Ermüdend schnell die Welt versunken.

Goldne Strahlen, warm und weich,
Legen sich auf's Land so seicht.
Abendröte färbt die Zeit,
Tag geht nun zur Ruh bereit.

Stille kehrt im Schatten ein,
Vögel schweigen, Winde fein.
Müdes Sonnenlicht, so zart,
Nacht ist nah und fern die Art.

Fernes Licht, es flieht der Tag,
Dämmerung, die Schatten mag.
Bald der Himmel leuchtet blau,
Müdes Licht, so sanft und lau.

Erinnerung an Tagesschein,
Wird im Traum der Nacht uns sein.
Müdes Sonnenlicht verweilt,
Bis der neue Morgen eilt.

Abendglanz

Die Sonne sinkt, der Himmel brennt,
Im Abendglanz die Welt sich wendet,
Der sanfte Wind ein Lied uns sendet,
Ein Traum, der tief im Herzen brennt.

Ruhig fließt der Fluss im Licht,
Ein Frieden, den die Nacht verspricht,
Sterne glitzern, fern und nah,
Ein Funkeln in der Himmelsnah.

Die Dämmerung, sie malt mit Pracht,
Ein Bild, das Leben sanft erwacht,
Ein Farbenmeer, so tief und schön,
Verlieren wir uns, ganz im Spähn.

Ein sanfter Hauch von Ewigkeit,
Der Abend senkt sich wie ein Kleid,
In dieser Stille, rein und klar,
Verschwinden wir, so wunderbar.

Der Tag sich neigt, der Mond erwacht,
Im Schattenspiel der stillen Nacht,
Ein zarter Kuss von Dunkelheit,
Der Abendglanz, so sanft bereit.

Verblasste Erinnerungen

Alte Bilder, die kaum noch strahlen,
Erinnerungen, die verblassen,
In stillen Stunden, die wir fassen,
Erinnern uns an jene Taten.

Sanfte Stimmen, längst verklungen,
Lieder, die wir einst gesungen,
Vergessen nicht, doch fern und weit,
Verblasst im Schoß der Ewigkeit.

Schatten werfen ihr Gesicht,
Im Nebel, der die Zeit umflicht,
Ein Echo, das die Seele streift,
Erinnerung, die langsam reift.

Wo einst das Glück lebendig war,
Bleibt nur noch eine Spur und klar,
Verwoben mit dem fernen Traum,
Der nun verklingt im Lebensraum.

Doch hält die Seele fest daran,
Erinnerung wie feinster Tand,
Ein Schatz, den selbst die Zeit nicht raubt,
Verblasst, doch ewig in uns taucht.

Zarter Morgentau

Ein neues Licht bricht sanft herein,
Der Tag erwacht im Morgenschein,
Ein Vogel singt sein erstes Lied,
Der Nacht, die weicht, ein Abschied gibt.

Rosafarb, der Himmel strahlt,
Die Welt in neuer Pracht gemalt,
Ein frischer Hauch durch Wiesen zieht,
Der Morgentau, der Frieden gibt.

Im zarten Duft der ersten Blumen,
Erwachen Träume, die wir summen,
Ein leiser Kuss von warmem Licht,
Das Herz in sanfter Freude bricht.

Die Sterne fliehen, leis und still,
Der Morgen, der die Nacht erfüllt,
Ein Neubeginn im reinen Glanz,
Der Tag begrüßt, der Nacht enttanzt.

Der Tau, so fein, auf Gräser weicht,
In schimmerndem, kristallenem Reich,
Ein Zauber, der die Welt umfängt,
Und uns in neuen Tag versenkt.

Geheimnis des Abends

Die Nacht, sie naht im weichen Gleiten,
Der Abend trägt das sanfte Leiden,
Ein Schattenmeer im Sternenlicht,
Verhüllt das Tagesangesicht.

Die Wälder flüstern stillen Sang,
Ein leises Rauschen, welch ein Klang,
Geheimnisvoll die Dämmerung,
Ein Märchen, neu von Zeit bezwung.

Im Mondesstrahl ein zartes Wehen,
Geister der Nacht, die sanft vergehen,
In dunkler Stille tief vergraben,
Die Träume, die wir in uns haben.

Ein Unsichtbares zieht entlang,
Durch Raum und Zeit, der Geist ist bang,
Des Abends Schleier, wunderschön,
Ein Rätsel, das im Dunkeln blüh'n.

Verschwunden, was das Licht uns barg,
Des Nachts Geheimnis, offen, arg,
Erzählt von längst vergangner Zeit,
In dieser Dunkelheit bereit.

Strahlende Vergeudung

In des Lebens kurzer Blüte,
Vergeuden wir das Licht,
Strahlen ohne Ziel und Müh,
Jagen dem Wind ins Nichts.

Glitzernd wie ein Traum,
Leben wir im Augenblick,
Löschen Fremdes in den Raum,
Ohne Sinn und ohne Glück.

Sonnenstrahlen fallen nieder,
Verschenken ihren Glanz,
Doch die Zeit, sie kehrt nicht wieder,
Verliert im Tanz den Kranz.

Blütenblätter, die vergehen,
Leuchten nur so kurz,
Wie das Herz im Blinde sehen,
Ein letzter Funkensturz.

In der strahlenden Vergeudung,
Leben wir doch alle fort,
Findet man in der Erneuerung,
Einen heimlich stillen Ort.

Schleier des Lichts

Durch den Nebel still und leise,
Webt sich Licht in sanften Schleier,
Träumend wandern wir im Kreise,
Himmel hoch und Bäume freier.

Sanfte Töne, zarte Klänge,
Brechen durch des Morgens Ruh,
Blätter rascheln, ferne Stränge,
Seele sucht der Liebe zu.

Golden schimmert erst der Morgen,
Erwacht die Welt in Farbenpracht,
Doch es bleibt das Herz verborgen,
Bis der Schleier leis' erwacht.

Fluss und Wiesen sich entwinden,
Fließen zart im Lichterflug,
Finden in den frühen Winden,
Jedem Schritt ein neues Trug.

In dem Schleier aus dem Lichte,
Friedlich wird die Welt vereint,
Selbst der Seele letzte Dichte,
Fühlend in das Dunkel scheint.

Lichterspiel des Abends

Wenn der Tag sich neigt zur Ruh,
Zündet sich ein Lichterspiel,
Farben leuchten Strahl für Strahl,
Abend taucht ins sanfte Kiel.

Über Felder, über Wiesen,
Gleitet sanft des Himmels Band,
Purpurfarben, goldne Riesen,
Blätter tanzen Hand in Hand.

Vögel ziehen leis' nach Hause,
Wenn des Abends Mantel fällt,
Klares Licht in stiller Pause,
Träumend sich die Schatten stellt.

In der Dämmerung verschwimmen,
Konturen ganz im Lichtermeer,
Seelenlicht in sanften Stimmen,
Poesie am Himmelsheer.

Wie der Tag sich neigt und endet,
Leuchtet noch der letzte Schein,
Lichterspiel den Abend sendet,
Schläft die Welt in Sternenglanz ein.

Verzauberte Landschaft

Durch die tiefen Wälder ziehen,
Winde, die so sanft sich wiegen,
In den Pfaden, die wir fliehen,
Fällt das Licht in bunten Biegen.

Märchenhaft sich Blumen ranken,
Über Bäche, über Stein,
Sonnenstrahlen dabei danken,
Malen Bilder, Silben fein.

In den Hügeln, in den Tälern,
Weilt die stille Ewigkeit,
Wo die Bäche sich entbären,
Fließt die Zeit in Unendlichkeit.

Tiere wandeln durch die Weite,
Freudig hüpft ein junger Reh,
Lieder klingen froher Breite,
Alle Wege münden See.

Verzaubert ist die Landschaft hier,
Jedes Blatt ein Meisterwerk,
Seele findet ihren Zier,
Herz in Träumereien stärkt.

Roter Abschiedstango

Der Abend senkt sich, rot leuchtet das Meer,
In der Ferne ein Tango, so sehnsuchtsvoll und schwer.
Die Schritte im Takte, so sanft und so klar,
Erzählen vom Abschied, und was einst war.

Ein letzter Tanz, in der glühenden Nacht,
Herzen pulsieren, in der heißen Pracht.
Die Töne verweben, ein Schicksal im Lied,
Wohin sie auch führen, keiner mehr sieht.

Feurige Blicke, ein letzter Kuss,
Im Schatten der Sterne, ein schmerzvoller Verlust.
Ewige Trennung, ein Tanz ohne Zeit,
der rote Abschiedstango, in Unendlichkeit.

Der Mond taucht auf, silbern ist sein Glanz,
Schatten verschmelzen, im letzten Tanz.
Erinn'rungen fließen, wie ein roter Wein,
schweren Herzens, lassen wir los, was muss sein.

In der Stille des Abends, noch immer ein Klang,
Er flüstert von Liebe, im leisen Gesang.
Der rote Tango, verblasst in der Nacht,
ein ewiger Abschied, in feuriger Pracht.

Sonnenwende

Das Licht bricht an, der Morgen erwacht,
Eine neue Zeit, in goldener Pracht.
Die Sonnenwende naht, mit sanftem Strahl,
Erhellt die Seelen, in weitem Saal.

Im Wechsel der Zeiten, ein ewiges Band,
Die Sonne führt uns, führt uns an der Hand.
Vom Winter zur Wärme, im Kreis der Welt,
Schenkt uns Leben, das ewig hält.

Goldene Strahlen, ein tanzendes Lied,
Erwecken Hoffnung, die niemals verzieht.
In ihrer Umarmung, ein warmes Gefühl,
Die Sonnenwende, ein himmlisches Spiel.

Im Glanz des Tages, die Schatten verblasst,
Neue Anfänge, die Altes umfasst.
Die Welt dreht sich weiter, im sanften Schwung,
eine Melodie der ewigen Jung.

Zurück bleibt die Nacht, ein verblassender Traum,
Die Sonnenwende regiert, als lichter Baum.
Ein Neubeginn, stets wiederkehrend,
In ihrem Licht, die Zeit erklärend.

Elegie des Abends

Ein leises Flüstern, der Abend naht,
In sanften Farben, zu Ruh' sich tat.
Die Vögel singen, ein letztes Lied,
In der Stille des Abends, was bleibt, ist der Fried.

Die Dämmerung küsst, still den Tag,
Ein Hauch von Melancholie, die ich gerne mag.
In dunkler Ferne, ein Stern erwacht,
Begleitet die Träume, in der sanften Nacht.

Die Bäume flüstern, von Zeiten, die geh'n,
Erzähl'n uns Geschichten, die bleiben besteh'n.
Das Licht des Tages, verblasst am Horizont,
Eine Elegie des Abends, die am Himmelszelt thront.

Ein letzter Gruß, der Wind trägt sie fort,
Die Abendstunden, an diesem stillen Ort.
Erinnerung an Momente, wie ein sanfter Hauch,
Im Herzen bewahrt, im nächtlichen Bauch.

Die Nacht umarmt uns, so weit und tief,
In ihren Armen, der Geist sich verflieft.
Die Elegie des Abends, ein stiller Gesang,
Begleitet uns sanft, ein Leben lang.

Goldene Zeit

Im Herbst, die Blätter golden sprühen,
Vergeht die Zeit in sanftem Zug.
Ein Hauch von Nostalgie, wir spüren,
Die Welt ist still, in fried'gem Flug.

Durch Wälder ziehen wir zurück,
Erinnerungen, die uns leiten.
Ein Lächeln aus dem alten Glück,
Lässt uns die Zukunft freudig schreiten.

Die Sonne scheint so warm und klar,
Verbreitet Glanz auf jedem Blatt.
In dieser Zeit, so wunderbar,
Findet jeder seinen Schatz.

Das Rauschen eines fernen Bachs,
Erfüllt den stillen, kühlen Wald.
Goldene Zeit in unserem Fach,
Hier wird der Herbst zu unsrem Halt.

Ein letzter Vogel singt sein Lied,
Als wenn er uns zum Träumen lädt.
Goldene Zeit vergeht doch nie,
In uns lebt weiter ihr Geprägt.

Sonnenuntergangsgeflüster

Die Sonne sinkt am Horizont so weit,
Ihr Licht verglimmt in einem roten Meer.
Ein Flüstern, das die Dämmerung begleitet,
Verheißt uns Frieden und noch mehr.

Geheimnisse, die kaum vernommen,
Erzählen von vergang'nen Zeiten.
Ein Wispern, das aus Träumen kommen,
Kann uns durch die Nacht geleiten.

Wenn Abendwind die Felder streift,
Und Schatten lang die Erde küssen,
Wer weiß, was uns der Wind wohl zeigt,
Im Flüstern, das die Stille bricht.

Die Farben tanzen, fliehen schnell,
Des Tages Glanz in stille Nacht.
Ein jeder Traum wird nun zur Stell,
Wo Seele neue Ruhe macht.

Im Sonnenuntergangsgeflüster,
Das Herz sich sanft zum Schlafen legt.
Die Nacht, sie wird zum heilgen Muster,
Das uns im stillen Frieden hebt.

Magische Stunden

In nächt'ger Stund, die Sterne funkeln hell,
Erwacht die Magie der stillen Zeit.
Geheimnisvoll, ein Wunsch, ein ferner Quell,
Der uns zu Traum und Wunder leitet weit.

Ein Hauchen in der dunklen Luft,
Verschleiert unser Herz ganz sacht.
Dies Nachtszenario, es ruft,
Zur Neugierde im Mondesnacht.

Versteckt in Nebeln, ganz verborgen,
Die Zauberwelt der Stunden magisch.
Hier wächst die Hoffnung auf den Morgen,
Und Wogen wirken harmonisch.

Vergangenheit und Zukunft schmelzen,
In dieser Stund, wohl Zeit entgleitet.
Die Seelen sich in Lichtern wälzen,
Wenn Nacht die Grenzen sanft bestreitet.

Magische Stunden, reinstes Schweigen,
Ein Sternenmeer, das still umrundet.
Die Träume uns zum Meineigen,
In ew'gen Zauber tief verbunden.

Leuchtende Ruhe

Im ersten Morgensaft der Sonne,
Erstrahlt die Ruhe, leuchtend klar.
Die Welt erwacht in stiller Wonne,
Die Luft so frisch und wunderbar.

Ein Flüstern geht durch grüne Wiesen,
Wo Tau das Gräserkleid erhellt.
Ein Augenblick in sanftem Friesen,
Die Seele sich im Frieden stellt.

Kein Lärm, der diese Stille bricht,
Nur Vogelsang und Blätterrauschen.
Die Ruhe leuchtend, mildes Licht,
Das uns im Innern kann berauschen.

In diesem leuchtend, sanften Raum,
Verirrt sich kaum ein fremder Blick.
Hier träumt die Seele ihren Traum,
Von Frieden, fern vom Weltgeschick.

Die leuchtende Ruhe bleibet hier,
Ein Zufluchtsort, in Licht getaucht.
Im Herzen bleibt das sanfte Tier,
Das diese Zeit für immer braucht.

Goldene Echos

Goldene Echos klingen leise
Durch Wälder und durch Flur
Schimmernd, wie auf einer Reise
Folgen sie der Morgenspur

Das Firmament in sanften Tönen
Widerspiegelt unser Glück
Dort wo sich die Winde krönen
Findet die Seele ihr Geschick

Im Wasser glimmen helle Sterne
Ein Flüstern aus der fernen Zeit
Verborgen in der Ewigkeit
Erstrahlen sie in tiefer Ferne

So wandern wir in goldnen Liedern
Dahin, wo Herzen Ruhe finden
Im Einklang mit des Waldes Frieden
Erblühen sanfte Herzenswinden

Glück verwebt in goldnen Echos
Unsagbar zart, wie Flügelschlag
Und jede Stund' wird reicher noch
In einem ewigen Tagestrag

Glühende Horizonte

In glühenden Horizonten brennt
Ein Schweigen, das von Ferne spricht
Die Dämmerung, die Licht versenkt
Zeigt wunderschön des Himmels Licht

An Krähenflug und Wolkengründen
Ein Abschied, der uns sanft umhüllt
Mit Flammen, die am Abend münden
Wird still die Welt vom Tag erfüllt

Die Farne wiegen sich im Wind
Ein goldner Hauch erzählt vom Traum
Wo Tage auf Erinnrung sind
Und Sonnen küssen Hain und Saum

Das Abendrot, es malt Geschichten
Vom Feuer, das den Tag gebar
Und durch der Zeiten sanfte Schichten
Erglüht die Nacht in neuer Charme

In dieser Pracht aus Glut und Schweigen
Erhebt sich unser Sehnen sacht
Wo sich die Horizonte neigen
Wird ewig uns're Traum entfacht

Verlorene Tagesträume

Verlorene Träume, zart verweht
Im Spiel der Winde, flüchtig leicht
Wie Blätter, die der Herbst beseelt
So sind sie fern uns nun erreicht

Im Licht der Dämmerung versunken
War jeder Tag ein seichter Rausch
Gedanken gleich wie Sterne funken
So still im Herzen, lieb und auch

Die Wolken ziehen, träge Segler
Ein Himmelsschiff in weiter Ruh
Und uns're Wünsche flüstern leiser
Erinnerungen, die dazu

Durch Wiesen, die in Ruhe wiegen
Gleitet unser Traumenacht
Verloren scheint das Glück zu liegen
Das uns zur Sternenfahrt gebracht

Die Zeit verweht, die Tage wandern
Im Traum bleibt manchmal eine Spur
Wir lauschen ihren leisen Bändern
Und träumen weiter, sanft und nur

Samtiges Abendlicht

Das Abendlicht, so sanft und zart
Umhüllt die Welt im goldnen Glanz
Es legt sich sacht auf Baum und Pfad
Und füllt die Seele mit dem Kranz

Im stillen Glühen, leise fallend
Erzählt die Zeit von alter Pracht
Die Stunden, die sich zugeneigend
Verleihen Ruhe dieser Nacht

Ein Flüstern weht durch Blätterdacht
Von Träumen, die den Tag umschließen
Und sanft, im Halbschatten erwacht
Ein Frieden, der die Welt will küssen

Die Farben schmelzen wie die Seide
Ein Hauch von Berührung in der Luft
Wo Schatten tanzen, bleibt die Weite
Im Samtlicht schön verklärte Frucht

Der Abend senkt sich nieder leise
In Samt gehüllt die Dunkelheit
Und unsre Herzen geh'n auf Reise
Im Zauber dieser sel'gen Zeit

Zauberhaftes Zwielicht

Im sanften Schein des Mondes Licht,
Verwandelt sich die Welt so sacht,
In Farben, die der Tag nie spricht,
Ein Hauch der stillen Zauberkraft.

Die Sterne blinken sacht im Kreis,
Verborg'ne Wege zeigend an,
Ein Märchen, das so leis' und weis,
Im Zwielicht sanft erklingen kann.

Die Bäume wispern, leise Tanz,
Ein Schattenreigen umherzieht,
Ein schimmernd, träumerisches Glanz,
Der durch die dunklen Stunden fließt.

Ein Wispern durch die stille Nacht,
Die Welt in Silberstaub getaucht,
Ein Funkeln, das die Seelen sacht,
Mit stiller, sanfter Kraft beraubt.

Das Zwielicht mahlt sich Flächen breit,
Verborgenes enthüllt es sacht,
In seiner geheimnisvollen Zeit,
Findet die Seele sanfte Macht.

Sanftes Sinken der Sonne

Die Sonne sinkt, ein sachter Kuss,
Verfärbt den Himmel Abendrot,
Ein leises, mildes Schattenfluss,
Ein Lied, das sanft im Winde droht.

Die Erde atmet tief und klar,
Ein Tag neigt sich dem Ende zu,
Das Glühen schwindet, wunderbar,
Ein friedvoll, stilles Rendezvous.

Im goldnen Glanz der Dämmerung,
Hüllt sich die Welt in träumerisch,
Die Farben flüstern ihren Schwung,
Im Sinken, das so zärtlich ist.

Ein Flimmern tanzt durch Wald und Feld,
Das Licht vergeht so leise sacht,
Die Ruhe, die die Nacht bestellt,
Ein sanftes Leuchten entfacht.

Die Sonne ruht in tiefer Ruh,
Der Mond übernimmt die Wacht,
Ein Hauch von Frieden zieht dazu,
Im zarten Schleier der Nacht.

Flammende Wolken

Am Himmel glühen Flammen brach,
Ein Feuermeer im Abendrot,
Die Wolken tanzen, sanft und sacht,
Ein Schauspiel, das die Seele lot.

Die Farben streifen weit und fern,
Ein Malerhimmel prachtvoll klar,
Im Feuerspiel der Himmelssterne,
Ein Traum, so wunderbar.

Das Flammenmeer, es leuchtet hell,
Spiegelt sich im stillen See,
Ein Feuerzauber, niemals schnell,
Ein Augenblick voll zarter Weh.

Die Flammen sterben langsam aus,
Ein Glut verfärbt den Horizont,
Der Himmel brennt im bunten Schmaus,
Bis Dunkelheit sich leis' besonnt.

Der Tag vergeht im Feuerschein,
Ein Himmelslicht so groß und weit,
Die flammend Wolken, sanft und rein,
Begleiten uns bis tief zur Nacht.

Tanz der Schatten

In nächt'ger Ruh' beginnt der Tanz,
Die Schatten spielen, Weben sacht,
Ein Reigen voller stiller Glanz,
Den Mond ins dunkle Schatt'nacht.

Die Bäume wiegen sich so sanft,
Im silber'nen, leisen Lichtermeer,
Die Schatten schwingen in dem Dunst,
Als wär' die Welt für immer leer.

Ein Wispern in der Dunkelheit,
Die Schatten spiegeln uns're Lust,
Ein sanfter Wind, der leis' verbreit,
Ein Hauch von Magie, still und just.

Sie tanzen in der nächt'gen Ruh,
Ein Reigen, der die Zeit besiegt,
Die Sterne schauen leis' dazu,
Ein blendend Licht im stillen Krieg.

Die Schatten flüstern ihre Weis,
Entführen uns're tiefste Macht,
Im Dunkel tanzen sie so leis,
Verhüllen uns're sanfte Nacht.

Der nahtlose Übergang

Ein Hauch von Ewigkeit im Wind,
Des Tages Sanftheit schwindet hin.
Der Abend dämmt, der Tag verweht,
Ein Vogel singt, die Zeit vergeht.

Die Farben mischen sanft sich ein,
Und jeder Schatten wird gemein.
Ein Stern erwacht am Himmelstor,
Der nahtlose Übergang steht bevor.

Ein Funkeln hier, ein Wispern dort,
Die Stille trägt es weiter fort.
Der Himmel flammt im letzten Licht,
Die Dunkelheit ergreift die Sicht.

Magie der Nacht, des Tages Leid,
Eine Melodie führt uns zur Zeit.
Der Mond, er leuchtet mild und sacht,
Verweben Tag mit stiller Nacht.

Ein flüsternd Gruß dem Morgenwind,
Der neue Tag durch Nebel rinnt.
So schließt sich sanft das Zeitenband,
Der nahtlose Übergang erkannt.

Letztes Lichtspiel

Ein Streifen Licht im Abendgrau,
Der Tages Glanz, er wird so lau.
Das Farbenmeer verhallt in Ruh,
Die Dämmerung zieht dunkel zu.

Ein Funke noch im Horizont,
Ein Glitzern, das die Seele schont.
Die Welt sinkt in der Sonne Glühn,
Des Himmels Wogen kraus und kühn.

Ein Sternenmeer, das bald erwacht,
Ein Funkeln, das der Nacht erwacht.
Das letzte Lichtspiel, sanft und zart,
Wie eine Melodie voller Art.

Der Tag, er träumt in stiller Pracht,
Von Sternen, die die Nacht bewacht.
Die Farben sanft im Wind verwehen,
Die Dunkelheit wird bald bestehen.

Ein Kuss der Nacht, der Tag versinkt,
Ein weiteres Lichtspiel, das verklingt.
In sanfter Ruhe, Stille kehrt ein,
Dies' letzte Lichtspiel, welch' ein Schein.

Das finale Funkeln

Ein letzter Strahl im Himmel blau,
Das Licht, es neigt sich, wird zur Schau.
Die Farben glühen, leuchten fort,
In eines Abends stillem Hort.

Ein Funkeln hell, bald leiser Schein,
Die Sterne tanzen, laden ein.
Ein letzter Gruß, des Tages Bann,
Das finale Funkeln fängt es an.

Mit sanfter Hand die Nacht erwacht,
Ein Meer von Sternen sanft verlacht.
Des Tages Licht verblasst im See,
Die Dämmerung das Dunkel fleh.

Ein Traum, ein Sehnen in der Luft,
Ein Atemzug, des Nachts Beruf.
Der Himmel weint ein funkelnd Lied,
Das letzte Licht, der neue Mond zieht.

So segnet sanft die Nacht den Tag,
Ein Wechselspiel, wie Glanz und Schlag.
Des Himmels letzte Funken prang,
Das finale Funkeln, zart und lang.

Roter Himmelsstreif

Ein Streifen Rot am Himmelszelt,
Der Tag sich in die Nacht verstellt.
Ein Zeichen von des Abends Pracht,
Ein Gruß, der neuen Hoffnung bracht.

Ein Feuer, das die Wolken malt,
Ein sanfter Fluss, der Himmel strahlt.
Der Horizont in Farbenglut,
Des Himmels Streif, so warm und gut.

Ein Abend, der so friedlich weilt,
Ein Augenblick, der Welt verheilt.
Ein Hauch von Rot, ein letztes Glühn,
Der Tag sich in die Nacht verzieh'n.

Ein Streifen Licht im Dunkel weit,
Ein Feuerwerk in Ewigkeit.
Die Sterne, die am Firmament,
Ein Glanz, der uns die Nacht verwandt.

Ein Kuss der Sonne sanft verweht,
Ein roter Streif, der leise steht.
Der Abend fällt, der Morgen ruht,
Ein roter Himmelsstreif tut gut.

Blutrote Horizonte

Blutrote Horizonte, wie Feuer am Meer,
Sonne versinkt, der Tag wird schwer,
Zwischen den Wellen, die Stille erwacht,
In dieser Stunde, da flüstert die Nacht.

Die Wolken, sie tanzen im letzten Licht,
Ein Sterben ohne Wehmut, ohne Verzicht.
Ruhig das Dunkel, das alles umhüllt,
Der Himmel, er flackert, vom Abend erfüllt.

Ein Schimmer von Rot, ein Leuchten so klar,
Wie flammende Rosen, wunderbar.
Der Tag neigt sich dem Ende zu,
In Blutrot versinkt er, findet Ruh.

Die Ruhe kehrt ein, die Sterne erstrahlen,
In tiefster Nacht die Gedanken befahlen.
Ein Funke Hoffnung in blutrotem Glanz,
Im Abendhorizont ein letzter Tanz.

Flutwellen aus Farben, Wolken aus Dampf,
Ein leises Versprechen, ein stiller Triumph.
In dieser Stille, so tief und so weit,
Blutrote Horizonte: Ende und Zeit.

Farbenspiel des Himmels

Himmel erstrahlt im zarten Blau,
Die Wolken ziehen, leicht und genau.
Farben fließen wie ein Traum,
Im endlosen Himmelsraum.

Rosa, Lila, Gelb und Grün,
Eine Symphonie, ein himmlisches Bühnenbild.
Der Tag erwacht, der Morgen lacht,
Ein neuer Anfang, voller Pracht.

Die Farben tanzen, im Wind getragen,
Sie erzählen Geschichten, ohne Fragen.
Ein Zauber breitet sich aus,
Macht jedes Herz leicht und raus.

Ein Regenbogen spannt sich weit,
Ein schillerndes Band der Ewigkeit.
Farbenspiel des Himmels, so schön,
Der Tag kann in Farben beginnen.

Wenn der Abend sich wieder neigt,
Die Farbenpracht sich still verkneift.
Ein Farbenspiel, das niemals endet,
Die Seele in bunten Tönen spendet.

Stille des Abends

Der Abend naht, die Welt wird still,
Eine Ruhe, die alles erfüllen will.
Schweigend legt sich Dunkelheit,
Behutsam über das endlose All.

Ein sanfter Hauch, der Wind verweht,
In dieser Stille das Herz aufgeht.
Die Vögel schweigen, der Tag vergeht,
Der Abend sich leise über alles legt.

Die Schatten werden länger, verlaufen sanft,
Ein friedvolles Bild, das uns einfangt.
In dieser Stille liegt eine Macht,
Die tief uns im Innersten bewacht.

Im Dämmerlicht die Sterne blinken,
Die Welt versinkt im zarten Winken.
Jeder Laut wird sanft und leise,
Ein Abend voller stiller Reise.

Die Stille des Abends, ein kostbarer Klang,
Ein Moment der Ruhe, der Herzen umschlang.
Hier finden wir Frieden, hier finden wir Takt,
In der Stille des Abends, das Glück verpackt.

Silberne Nachtwache

Die Nacht zieht leise über das Land,
Ein silberner Schleier in unsrer Hand.
Der Mond wacht über uns, so klar,
Ein leuchtender Wächter, unsichtbar.

Sterne funkeln, wie Diamanten so klein,
Ein Himmelsmeer, so still und fein.
In dieser Nacht, so silbern und rein,
Findet jede Seele ihr Daheim.

Der Wind flüstert Geschichten, uralt,
Ein sanfter Hauch, der uns umwald.
In dieser Stille, diese Pracht,
Die silberne Nachtwache lacht.

Tief in der Nacht, wenn die Welt ruh'n,
Können die Träume sanft uns tun.
Ein Moment der Zeit, ein stiller Pakt,
In der silbernen Nachtwache eingebracht.

Wenn der Morgen erwacht, so leis und sacht,
Erinnert uns die Nacht an ihre Macht.
Ein silberner Mantel, der uns schützt,
In der Nachtwache, die alles licht.

Zwischen Nacht und Tag

Zwischen Nacht und Tag, da weben
Träume still, was Herzen beben.
Nebel graut und Sterne klagen,
Mondlicht fließt in zarten Farben.

Augen trunken von der Ferne,
Schließt die Zeit die dunklen Kerne.
Wandern Seelen durch die Räume,
Wo sich Träume sanft umsäumen.

Wach der Tag im Osten blüht,
Sonnenhauch die Schatten glüht.
Heute und Gestern ineinander,
Tanzen still die Morgenander.

Dämmerung und Morgenschimmer,
Schatten fliehen, Herzen immer.
Zwischen Nacht und Tag verborgen,
Ruht ein sanft erträumter Morgen.

Schweigen bricht, wenn Lichter leuchten,
Schläft der Mond, des Tags Bedeuten.
Augen auf und Seelen steigen,
Zwischen Nacht und Tag wird's zeigen.

Tänzelnde Sonnenstrahlen

Tänzelnde Sonnenstrahlen lachen,
Über Gräser, Bäume wachen.
Leichten Fußes, federnd springen,
Tragen Licht auf goldnen Schwingen.

Morgen taucht in hellem Schein,
Trautes Leben, Neu und rein.
Zwischen Blättern, sanfter Glanz,
Wind und Himmel, freudig Tanz.

Goldne Funken spielen leise,
Ziehen sanft und ersteise.
Durch die Wolken, durch die Zeit,
Trägt ihr Glanz die Ewigkeit.

Farben sprechen ohne Worte,
Füllen Räume, helle Orte.
Tänzelnd durch das blühende Reich,
Wo des Morgens Licht stets weich.

Leises Lächeln, Licht und Leben,
Tänzelnd Sonnenstrahlen weben.
Durch das Duft der Wiesen wehend,
Freude durch die Lüfte sehnend.

Ruhender Horizont

Ruhender Horizont im Abend,
Sanft die Lichter sich verlabend.
Fern das Rauschen, Stimmen schweigen,
Himmel in den Farben neigen.

Wellen rollen, sacht und leise,
Ewig flüstern, alte Weise.
Sonne sinkt in rotem Flammen,
Träumend sinken alle Dämme.

Weites Meer und hoher Himmel,
Friedlich ruht in Zeitenkrimmel.
Sterne in der Nacht geboren,
Schweigen, bis der Tag verschworen.

In der Stille, Ruhe finden,
Träume wiegen, sachte winden.
Horizont in sanftem Glanz,
Zwischen Licht und Dunkel Tanz.

Atem still, das Herz in Frieden,
In den Tiefen sanft beschieden.
Ruhend auf dem fernen Grund,
In des Abends Augen rund.

Im Hauch der Dämmerung

Im Hauch der Dämmerung erwachen,
Traumpfade, die Geschichten machen.
Sanfter Wind die Zweige küsst,
Wenn die Nacht den Tag entlässt.

Leises Flüstern, Schatten tanzen,
Zwischen Lichtung, stillen Pflanzen.
Farben tauchen zart hervor,
Wo das Licht die Welt verlor.

Geistertöne, Nebeltriebe,
Hauch der Nacht, der sich anschmiege.
Sterne glitzern, fern und klar,
In des Himmels dunklem Haar.

Zwischen Zeiten, durch die Räume,
Wandern, was im Frieden träume.
Dämmerung mit sanftem Hauch,
Führt die Seele fern und auch.

Stille zieht sich durch die Fluren,
Dämmerung in sanften Spuren.
Leiser Hauch umschließt die Welt,
Die in sanfter Ruhe fällt.

Blaue Stunde

Wenn der Himmel sacht verblasst,
und die Nacht ihr Kleid anlegt,
strömt die Ruhe durch die Stadt,
wo sich Stern auf Wolke legt.

Zwischen Tag und dunkler Nacht,
tanzt der Mond im Silberlicht,
erzählt uns von verborg'ner Pracht,
die der Morgen dann zerbricht.

Im Zwielicht dieser stillen Zeit,
beginnt die Welt zu atmen leise,
ein Kuss des Himmels so voll Geleit,
führt uns durch die flüsternde Reise.

Geheime Wünsche, fremdes Sehnen,
werden wach im sachten Blau,
Gedanken, die wir kaum erwähnen,
schweben sanft wie Morgentau.

Oh, die Stunde, zarte Stunde,
die Träume schürt und Hoffnung klärt,
verbindet Herz und Seele, Munde,
wo die Zeit ihr Füllhorn leert.

Verlorene Träume

Einst durch Felder, Wiesen, Fluren,
schwebten Träume, wunderschön,
heute nur in blassen Spuren,
erinnern sie, was längst verweht.

Wie ein Schatten in der Nacht,
uns entzogen, sanft entflohn,
sind sie aus der Zeit gemacht,
im Herzen haben wir sie schon.

Wind trägt ihre leisen Stimmen,
seufzend durch das weite Land,
holt in uns Erinnerungen,
die im Traum an uns geband.

Doch im Dämmer grauer Tage,
erwacht in uns der Wunsch erneut,
Träume, die einst laut und vage,
finden wieder ihren Ort.

Im Ruhen unterm Sternenzelt,
kehrt zurück, was einst verloren,
träumen wir von einer Welt,
wo die Hoffnung neu geboren.

Leuchtende Stille

In der tiefen, stillen Nacht,
traut die Seele, singt das Herz,
wo die Dunkelheit erwacht,
findet Licht in leisem Schmerz.

Sterne flüstern alte Weisen,
da am Himmel klar und fern,
wie geheimnisvolle Reisen,
die wir suchen und entbehr'n.

Zwischen Wipfeln dunkler Wälder,
wo der Nebel heimlich schleicht,
leuchtet Klarheit, doch auch kälter,
selbst das Licht, das Blicke streicht.

In der Stille, unbegrenzter,
verliert sich Zeit in sanftem Schweigen,
wo das Herz in Ruhe denkt,
findet sich das wahre Eigen.

Sinnen kann, wer in sich ruht,
bei dem Schein von Sternenlicht,
in der stillen Nacht wird gut,
was der Tag oft bricht.

Flüsterndes Licht

Durch die Blätter wispert leise,
ein Gespräch von Hauch und Strahl,
sanftes Licht auf stiller Reise,
zieht durch Wald und Wiesental.

Schimmert auf der Wasserfläche,
wo die Zeit in Tropfen ruht,
flüsternd, ohne Laut und Schwäche,
erzählt es, was verderbt und gut.

In der Morgenröte Glimmen,
erwacht das Erdenland erfrischt,
ein Versprechen in den Stimmen,
flüsterndes Licht, das leise zischt.

Durch die Weiten des Verlangens,
suchen Seelen ihren Platz,
finden im Licht des Morgens,
Hoffnung, ohne Angst und Hass.

Oh, das flüsternde, sanfte Licht,
das die Dämmerung uns bringt,
berührt die Welt im stillen Kleide,
da ein neuer Tag begann.